Rolf Kauka's Pauli

Rolf Kauka's Pauli
Löwen sind auch nur Katzen

Verlagsunion Erich Pabel-Arthur Moewig KG, Rastatt

„Der Zirkus ist in der Stadt!" Die sensationelle Nachricht hatte sich wie ein Lauffeuer in Maulwurfshausen verbreitet, denn der bunte Zug an Wagen und Tieren war direkt durch die Stadt gezogen und lagerte nicht weit von Paulis Hütte am Waldesrand.

Natürlich ließen es sich Pauli und Mausi nicht nehmen und spazierten noch am späten Mittag zu dem Lagerplatz, um soviel wie möglich auszukundschaften. Die bunten Wimpel der Zelte flatterten lustig in der Luft, und vor der Wassertränke trompeteten Elefanten. Das war natürlich alles furchtbar aufregend, doch Mausi sagte: „Warte erst mal ab, bis du die Löwen siehst!"

Und tatsächlich, da entdeckten sie auch den Löwenkäfig. Pauli und Mausi hielten glatt den Atem an. In dem Käfig schlief ein mächtiger Löwe, auf seinem Bauch ruhte friedlich schlummernd ein Mann in einem wirklich prächtigen roten Kostüm.

Der muß ja lebensmüde sein, dachten Pauli und Mausi entgeistert. In diesem Augenblick öffnete der kleine lustige Geselle die Augen und blinzelte die beiden an. „Hallo, ihr zwei", lachte er freundlich, „nun macht mal euren Mund ruhig wieder zu. Simba ist lammfromm. Der kann keiner Fliege was zuleide tun."

Damit stieg er fröhlich aus dem Käfig und schüttelte dem großen Berberlöwen wie zum Abschied noch die Tatzen, was sich der mächtige Löwe artig gefallen ließ.

Das alles hatte Pauli sehr beeindruckt. Mit so einer Nummer könnte er doch seiner Freundin Mimi ganz toll imponieren. Man stelle sich vor, er und dieser große Löwe, und wie sie dann vor Mimis Haus vorbeispazieren! Das war eine Idee, die dem kleinen Dompteur auch sehr gut gefiel. Simba brauchte in den Morgenstunden ohnehin etwas Bewegung. Also dürfe Pauli gerne kommen und ihn ein wenig ausführen. Toll, dieses Angebot nahm Pauli voller Begeisterung dankbar an.

Sie verabschiedeten sich von dem kleinen Löwenbändiger und machten sich auf den Nachhauseweg. Pauli malte sich schon in allen Farben aus, welche bewundernden Blicke Mimi ihm zuwerfen würde. Pauli – und der König der Steppe! Nein, noch besser: Pauli, Bezwinger des Steppenkönigs! Mimis Achtung vor ihm würde bis ins Unermeßliche steigen. Und erst sein Erzfeind Egon, der würde vor Neid erblassen.

Später, als Pauli dann in seinem warmen Bett lag, sah er sich auf einem Löwen reiten. Stolz trabte er durch alle Straßen Maulwurfshausens. Links und rechts der Straßen schauten ihn die Bewohner bewundernd an. Und letztlich, langsam in einen wohligen Schlummer sinkend, schwang er sich im Traum an einer Liane zu Mimi hinein, um sie auf sein Dschungel-Baumhaus zu entführen.

Indessen ging es bei dem kleinen Zirkus nicht minder aufregend zu. Zanu, ein wilder Berberlöwe, der Zwillingsbruder des zahmen Simba, brüllte aus vollem Halse durch die dunkle Nacht. Der kleine Dompteur in seinem feuerroten Kostüm versuchte ihn mit allen Mitteln zu beruhigen, doch es war vergeblich. Die Zirkusleute taten keine Auge zu in dieser Nacht. Und so beschlossen sie, Zanu auf den kühlen Vorplatz zu stellen. Dorthin, wo zu diesem Zeitpunkt noch der Käfig des zahmen Simba stand.

Die kalte Nacht wird sein Temperament sicher noch zügeln, dachte der Direktor. Der brave Simba durfte dafür unters Vorzelt zu den Kamelen und den Dromedaren, mit denen er sich doch so gut verstand. Zanu selbst lief noch einige Zeit unruhig an den Gitterstäben auf und ab. Schließlich brummte er beleidigt und legte sich dann flach am Käfigboden lang, um nach Löwenart zu schnarchen.

Am nächsten Morgen trieb die brennende Erwartung Pauli ganz früh aus den Federn. Heute war sein großer Tag. Und so verließ er hastig, noch an seinem Frühstücksbrötchen kauend, das Haus und eilte zum üblichen Treffpunkt mit Mausi.
Munter liefen sie den Pfad am alten Weiher entlang, bis sie schließlich die bunten Zirkuszelte im nebligen Dunst des frühen Morgens vor sich sahen. Alle schienen friedlich zu schlafen.

Und da stand, groß und nicht zu übersehen, der Löwenkäfig, unweit vom Zeltvorplatz. Nun war es Pauli doch nicht mehr so wohl zumute. Ob der brave Simba wirklich so zahm war? Was, wenn er vielleicht schlecht geschlafen hatte, und ihn beim Öffnen der Käfigtür mit einem einzigen Happen verschlingen würde? Doch dann dachte er an Mimi, und er gab sich einen Ruck. Im Grunde war doch so ein Löwe kaum etwas anderes als eine größere Miezekatze!

Pauli holte tief Luft, dann schob er den schweren Eisenriegel des Käfigs zurück. Die Tür schwang auf. Falls Pauli je erwartet hätte, daß man mit dumpfem Grollen nach ihm schnappte, so wurde er nun enttäuscht. Der Löwe hob nur müde sein Haupt und begann sofort herzhaft zu gähnen. Danach schloß er wieder die Augen und machte nicht die geringsten Anstalten, den Käfig zu verlassen. Mit so einem Anblick würde er Mimi freilich nicht sonderlich imponieren können. Guter Rat war nun teuer.

Doch da hatte Mausi schon einen dicken Strick aufgetrieben, den sie diesem gemütlichen Burschen nun über das zottige Haupt schlingen konnten.

„Auf, Simba! Willst du wohl folgen?" herrschte Pauli das träge Tier an. Doch es zeigte keine Reaktion, bis Pauli schließlich scharf an dem Seil ruckte. Da dreht sich der mächtige Löwe um ließ sich unter unwilligem Fauchen und Knurren aus seinem Käfig ziehen.

Anscheinend hatte der vermeintliche Simba noch nicht ausgeschlafen, denn er blieb auch weiterhin sehr widerspenstig, und auch Paulis aufmunternde Worte halfen da wenig.
Schließlich erreichten sie im schleppenden Trott eine Waldlichtung, auf der sich Pauli und Mausi erst mal von ihrer Strapaze erholen mußten. Irgendwie schien Simba nicht mehr der gleiche wie gestern zu sein. „Mausi, schau, wie er uns gierig anblickt. Man könnte ja echt meinen, er habe uns zum Fressen gern!"

Und so war es auch! Allmählich regte sich nämlich schon der morgendliche Appetit in Zanus Magen. Und die beiden Jungen da, die völlig arglos vor ihm standen, waren genau die richtigen Häppchen. Etwas mager zwar, aber besser als gar nichts, dachte er wohl.
Genießerisch schnalzte Zanu mit seiner Zunge. Mit welchem von beiden sollte er beginnen? Zuerst den mit dem lustigen Käppchen, oder vielleicht doch lieber das pfiffige Mäuschen?

In diesem Augenblick trottete eine dicke Kuh behäbig die Weide herunter. Zanu zögerte. All die zarten Rippchen und die saftigen Keulen. Was dagegen waren schon die zwei kümmerlichen Bürschlein, die fast in einen hohlen Zahn paßten? Zanu schaute zu der Kuh hinauf, der das rege Interesse Zanus natürlich nicht entgangen war. Schockiert drehte sie ihre Hufe herum und ergriff panikartig die Flucht. Nichts wie weg von hier!
Zanu, den Pauli und Mausi immer noch für den zahmen Simba hielten, sprang mit einem wahren Raubtiersatz nach vorne und hetzte hinterher. „Simba, laß die Kuh zufrieden!" schrie ihm Pauli gleich aus vollem Halse nach. Doch der Löwe war nicht mehr zu stoppen.

Pfeilschnell bewegten sich seine Tatzen über das Gras, und es war abzusehen, daß er die behäbige Kuh in wenigen Augenblicken erreicht haben würde.
Da rauschte und knackte es im Unterholz, das der Löwe eben mit mächtigem Schwung durchbrach.
Urplötzlich war er wie vom Erdboden verschluckt, und die Kuh verschwand mit trommelnden Hufen hinter dem Hügel. Was war geschehen? Pauli und Mausi fiel es wie Schuppen von den Augen. „Die Fallgrube, die wir vor einigen Tagen angelegt haben, um Egon damit reinzulegen", riefen sie fast gleichzeitig, „Simba muß hineingefallen sein!"

Schnell liefen sie zu der Stelle, wo ein heftiges Fauchen und Grollen durch das dichte Buschwerk ertönte! Tatsächlich: Zanu, den die beiden noch immer für den zahmen Simba hielten, steckte in der Grube und versuchte vergeblich, aus der engen Falle herauszuklettern. Er knurrte und schnappte drohend, und weder Pauli noch Mausi wollten sich ausmalen, was geschähe, sollten sie in die Reichweite dieser Pranken geraten. Mit dem zahmen Simba von gestern hatte dieses hungrige Raubtier wahrhaft nichts gemein. Da hatte Pauli einen Einfall. Der Löwe mußte was zu fressen kriegen. Ja, das war die Lösung.

Schnell rafften Pauli und Mausi ihre Ersparnisse zusammen. Ein Löwe war ein teures Haustierchen, denn er fraß nur gutes Fleisch, und davon eine Menge. Und so eilten Pauli und Mausi, nachdem sie ihre Sparschweinchen mit hohlem Bauch zurückgelassen hatten, schnell in die Stadt zum Fleischer. Erstaunt schaute er sie an, denn sie erstanden eine riesige Ochsenkeule, ein Stück Fleisch, an dem gut 20 Menschen sich hätten satt essen können.

„Äh, unser Onkel Alfred kommt doch heute zu Besuch", stotterte Pauli, „und der hat einen gesunden Appetit!" Der Metzger wußte nicht, ob er das glauben sollte oder nicht. Einen Onkel mit so einem großen Hunger? Da hätte er doch gar zu gern gewußt, wie dieser Onkel aussieht. Oder wollten ihn die beiden Lausebengel wieder mal veralbern? Der beiden war das immer zuzutrauen.

Pauli und Mausi schleppten sich doch recht mühsam ab, bis das gewichtige Stück Keule zu der Grube getragen war. Simba, der in Wirklichkeit ja Zanu war, machte sich mit einem sprichwörtlichem Löwenhunger darüber her. Pauli und Mausi konnten sich nur wundern, wie schnell die Keule samt Knochen im unersättlichen Rachen des Raubtieres verschwand. Wirklich – um solch einen Appetit ist man zu beneiden.

Der Löwe schien nun in einer wesentlich freundlicheren Stimmung zu sein, so daß die beiden Freunde es wohl wagen konnten, ihm aus der Falle zu helfen. Schnell hatten sie ein entsprechendes Stück Holz gefunden. Es war ein kleiner Baumstamm, auf dem Zanu vorsichtig emporkletterte und schließlich den Grubenrand erreichte. Kaum oben angekommen, streckte er sich sofort aus, und er begann nach alter Löwenart zu schnarchen.

„Na, so ein Faulpelz!" sagte Pauli. Mit dem geplanten Gang zu Mimi wird es wohl nichts mehr. Doch die beiden Freunde konnten nach all den Anstrengungen auch ein kleines Mittagsschläfchen vertragen. Gemütlich legten sie sich gegen den Bauch von Zanu und schlossen ihre Augen. Dieser wußte ganz und gar nicht, was er davon halten sollte.

Da wagten es tatsächlich zwei halbe Portionen, sich an seinen Bauch zu lehnen und ihn wie ein Kissen zu benutzen? Ausgerechnet ihn, Zanu! Und jetzt kuschelten sich die beiden Knirpse erst recht an seinen vollen Bauch!

Doch damit war der vermeintliche Simba nicht weiter einverstanden. Eine Unverschämtheit, was die beiden Kümmerlinge sich da herausnahmen. Voll Löwenzorn hob er eine Pranke und schleuderte die Störenfriede gegen den nächsten Baum. Das hatte gesessen! Pauli und Mausi sahen hunderttausend Sterne, was kein Wunder war, denn so eine Löwenpranke konnte glatt einen Ochsen aus dem Gleichgewicht bringen. Das hielt jedoch Pauli nicht davon ab, erst einmal tüchtig wütend zu werden.

Er verpaßte nun seinerseits Zanu einen Tritt, daß dieser erstaunt schaute, dann sein Schwanzwedeln einstellte, und nun empört in die Höhe fuhr. Sein zorniges Zähnefletschen sprach Bände, und die beiden Freunde verstanden schnell, was die Stunde geschlagen hatte.
Fersengeld war angesagt. Und zwar so schnell wie nie zuvor in ihrem Leben. Eine stürmische Hetzjagd begann, in der Pauli und Mausi anfangs sogar Punkte gutmachen konnten. Doch erlahmten ihre Kräfte sichtlich.

Während bei Pauli und Mausi langsam aber sicher die Puste ausging, kam das Raubtier näher und näher. Die Freunde schlossen bereits mit dem Leben ab. Eben setzte Zanu zu einem mächtigen Sprung an, als ein dünnmaschiges, starkes Netz über seinen Löwenschädel flog und sich wie ein Spinnennetz um seinen Körper wickelte. Pauli und Mausi konnten noch gar nicht begreifen, was da geschehen war. Es waren die Zirkusleute, starke Löwenwärter, die ihnen zu Hilfe gekommen waren. Wahrhaftig, das war Rettung im letzten Augenblick.

Zanu wehrte sich zwar nach Leibeskräften, er schlug wie wild mit den Pranken um sich. Dadurch verhedderte er sich noch mehr im Netz. Hilflos gefangen ergab er sich schließlich seinem Schicksal.

Sofort sprangen noch einige kräftige Wärter hinzu und verfrachteten den tobenden Löwen schnell in einen bereitgestellten Käfig. „Da habt ihr aber Glück gehabt!" riefen die Männer den Jungen zu, „Zanu ist so gut wie unbezähmbar, der wildeste Löwe von ganz Afrika. Mit einem Biß hätte der euch auffressen können!" Noch bevor die beiden ein Wort herausbekamen, hatten die Zirkusleute schon den Käfig genommen und fuhren ihn eiligst davon.

Zanu? Wieso Zanu? Nun verstanden Pauli und Mausi überhaupt nichts mehr. Hieß der Löwe denn nicht Simba? Was hatte das denn nun schon wieder zu bedeuten? Während die beiden noch rätselten, kam ein kleiner Mann aus dem Gebüsch marschiert. Es war der lustige Dompteur von gestern abend, mit seiner feuerroten Kleidung und der roten Mütze. Doch diesmal schien es, als sei ihm das Lachen endgültig vergangen. Mit sorgenvoller Miene schaute er zu den beiden.

Sofort stürmten Pauli und Mausi mit ihren Fragen auf ihn ein. Der kleine Dompteur schwieg zunächst bedrückt, dann klärte er sie über die Ursache dieser schlimmen Panne auf. Er erzählte, wie der böse Zanu gestern nacht in seinem Käfig tobte, und wie man ihn schließlich mit dem braven Simba auf dem Zeltvorplatz ausgetauscht hatte. Pauli war wie vor den Kopf geschlagen, Mausi kippte einfach hintenüber. Ihm war vor Schreck nicht nur die Spucke weggeblieben.

Die Freunde verabschiedeten sich von dem kleinen Dompteur, der sich noch einmal zerknirscht entschuldigte. Nun war ihnen nach etwas Kaffee und Kuchen und einem gemütlichen Plausch zumute. Wieder besserer Laune, machten sie sich auf den Weg zu Mimi. Die würde staunen, wenn sie ihr von diesem unglaublichen Abenteuer berichteten. Es war nun gar nicht mehr so weit zu Mimis Haus, als plötzlich aus einem Busch ein verdächtiges Knistern zu hören war. Sofort hielten die Freunde den Atem an. Ob das vielleicht wieder so ein Raubtier war? Ja, sicher doch, was sollte es denn sonst sein?

Und da – jetzt war auch noch ein Rascheln! Die Freunde sprangen vor Schreck freiweg in die Luft, als plötzlich ein langgezogenes Maunzen aus dem Busch erklang! Wahrhaftig, das war garantiert ein wildes, böses Tier!

Mimi trat eben aus dem Gebüsch, als Pauli und Mausi wie von Furien gehetzt davonstürmten. Neben ihr trottete ein friedliches kleines Miezekätzchen, das den beiden sonderbaren Jungen verwunderte Blicke hinterdrein warf. Mimi schüttelte den Kopf. Was war denn nur wieder in Pauli und Mausi gefahren? Was für Feiglinge doch diese Männer waren. Hatten sie tatsächlich Angst vor einer kleinen, süßen Katze? Diese Angeber wollten doch sonst immer so mutig sein.

Inzwischen waren ein paar Tage vergangen, und Pauli hatte sich nach dem Abenteuer mit dem Löwen wieder neuen Dingen zugewandt. Von den großen Katzen hatte er erst mal die Nase voll, und so bastelte er bereits den ganzen Morgen an einem Glaskasten, den er mit allerlei Pflanzen, Steinen und Wurzeln ausfüllte. Interessiert schaute ihm Pauli-Vater über die Schulter und meinte: „Was soll denn das werden, wenn es fertig ist, mein Sohn?"

Pauli erklärte ihm ganz stolz, er baue ein Terrarium. Und darin wolle er dann allerlei Eidechsen, Frösche oder Schildkröten hineinsetzen, eben solche Tiere, wie man sie im Wald oder am alten Schilfteich finden konnte. Pauli-Vater war begeistert. Das war wirklich mal eine nützliche Tätigkeit, wobei es auch eine Menge zu sehen und zu lernen gab. Das einzige, was dazu noch fehlte, waren Tiere. Aber dem konnte ja abgeholfen werden. „Dann gehe ich eben mal auf die Jagd!" sprach Pauli voller Tatendrang und warf sich sein Schmetterlingsnetz über die Schulter.

Pauli-Vater war von der Idee so angetan, daß er darauf bestand, seinen Sprößling auf der Jagd zu begleiten. Und so marschierten Vater und Sohn gemeinsam durch den Sonnenschein. Die Vögel zwitscherten, und der Duft bunter Blüten verzauberte die Frühlingslandschaft. Es konnte nur eine Frage der Zeit sein, bis sich ein geeignetes Tier vor ihrem Fangnetz blicken ließ, dachte Pauli.

Sie waren noch nicht tief in den Wald vorgedrungen, als Pauli eine Eidechse erspähte, die gerade auf einem warmen Stein ihr Mittagsschläfchen hielt. Das war genau das Exemplar, das er gesucht hatte. Auf leisen Sohlen schlich er sich heran und ließ mit viel Schwung sein Fangnetz auf den Felsen sausen. Die kleine Eidechse war jedoch schneller. Flink wie ein Blitz war sie unter den Kieselsteinen verschwunden, während der Griff von Paulis Netz unter dem harten Aufprall zerbrach.

„Schöne Bescherung!" schimpfte Pauli. Seine Jagd, so hoffnungsfroh begonnen, hatte nun gleich zu Anfang einen ordentlichen Dämpfer erhalten. Aber was wäre das für ein Kerl, der gleich die Flinte in das Korn wirft? Dieser Meinung war auch Pauli-Vater, und bereits nach einigen wenigen Schritten wurde ihr Tatendrang belohnt, denn aus einem Schilfkraut nahe des Weges hüpfte ganz unvermittelt ein dicker, grüner Laubfrosch.

„Schau, Papi", rief Pauli aufgeregt, „paßt der nicht genau in mein Terrarium hinein?" Da konnte Pauli-Vater seinem Sohn nur zustimmen. Jedoch die Jagd über Stock und Stein war für ihn nicht mehr so ganz das rechte. Darum überließ er es auch Pauli, daß dieser wieselflink über die nächste Hecke hinwegsetzte und durch das Dickicht hindurchstürmte. Schließlich war Pauli auch der schnellste Läufer weit und breit.

Und Pauli machte seinem Ruf alle Ehre. Beinahe hatte er den Frosch am Kragen. Eben, als der kleine grüne Hüpfer über einen hohlen Baumstamm flitzte, setzte Pauli zu einem letzten Sprung an. Jetzt oder nie! Doch der Frosch entglitt seiner Hand, und Pauli landete mit dem Kopf voran in einer trüben und schlammigen Wasserpfütze.

„Brrr... prust", hustete Pauli voller Zorn, „frecher Kerl, das wird dir gar nichts nützen. Jetzt fange ich dich erst recht!" Hastig rappelte er sich auf und stürmte weiter, von oben bis unten mit nassem Schlamm beklebt.
Der Frosch hatte es offensichtlich gar nicht eilig. Pauli entdeckte ihn, wie er gemütlich in einem Busch saß und genießerisch nach einer kleinen Fliege schnappte. Das war doch die Spitze der Dreistigkeit. „Quaaaak!" machte der Frosch, und für einen Augenblick schien es Pauli sogar, als würde er ihm spöttisch zublinzeln.

Na, so waś wollte Pauli sich natürlich keineswegs gefallen lassen. Wieder griff er zu, doch flupp, war der kleine Quaker wieder durch seine Finger geschlüpft und hüpfte zum nahen See. Blind vor Wut verdoppelte Pauli seine Schritte und war bereits ganz nah am Übeltäter dran, als dieser mit einem eleganten Schwung ins Wasser eintauchte und verschwand.

Seinen rasanten Lauf konnte Pauli dabei nicht mehr abbremsen, und er stürzte kopfüber in das trübe und kalte Wasser des großen Waldsees. Dieser Schock kühlte sein erhitztes Temperament sehr schnell ab.

Pauli tauchte zwischen einem dichten Wald von Schilfstengeln, doch von dem Frosch war nichts mehr zu sehen. Als die Luft in seinen Lungen allmählich zu Ende ging, ließ er sich langsam nach oben treiben.

Pauli trieb auf das schalkhaft tanzende Sonnenlicht der Wasseroberfläche zu. Dann sah er vor sich einen roten Stengel, den er fest umfaßte. Doch bevor er sich endgültig hochziehen konnte, wurde er mit einem mächtigen Ruck aus dem Wasser gerissen. Vor Schreck vergaß er seine Lungen mit Luft zu füllen, denn das rote Ding, an dem er sich mit ganzer Kraft geklammert hatte, war nichts anderes, als das Bein eines ausgewachsenen Storchenvogels.

Immer höher und höher wurde Pauli getragen. Er konnte unter sich schon die Umrisse des großen Waldsees ausmachen und das dichte grüne Wipfelmeer des Wolfenhorstes. Pauli wurde ganz schwindelig. Wollte ihn dieser verrückte Storch denn bis zum Ende der Welt tragen, oder gar noch auf den Mond? Er versuchte, nach seinem Vater zu schreien, doch seine Stimme versagte, und nur ein leises Krächzen kam aus seiner Kehle.

Noch nie in seinem Leben hatte sich Pauli so sehr nach seinem Vater gesehnt. Plötzlich merkte Pauli, wie seine Kräfte langsam nachzulassen begannen. Der aufgeschreckte Vogel flatterte noch immer in die Mitte des Sees hinaus.
Paulis Finger begannen langsam aber unaufhaltsam abzurutschen. Als ob der Vogel dies bemerkt hätte, vollführte er in diesem Augenblick ein besonders abruptes Flugmanöver. Pauli verlor endgültig den Halt und wurde in weitem Bogen weggeschleudert. Jetzt ist alles aus, dachte er noch, dann stürzte er tief hinunter in das kalte Wasser des Sees.

Wieder tauchte Pauli mit einem lauten Klatsch ins Wasser. Nur, daß es diesmal wesentlich härter und noch kälter war. Prustend kam er wieder hoch. Er keuchte und ächzte nach Luft. Dann, als sein Herzschlag sich beruhigt hatte, sah er die große grüne Insel mitten aus dem See ragen. Das ferne Ufer des Waldes, in dem er eben noch auf Froschjagd gegangen war, schien winzig und in fast unerreichbare Ferne gerückt.

Er schaute sich um und überlegte, wohin er nun schwimmen sollte. Am nächsten lag die kleine bewaldete Insel, die unbewohnt zu sein schien.
So schwamm Pauli also zu dieser dicht bewaldeten Insel hinüber, denn er wollte so schnell wie möglich wieder festen Boden unter die Füße kriegen. Pauli war ein guter Schwimmer. Doch durch die verzweifelten Anstrengungen war er schon ziemlich erschöpft.

Er war mit seinen Kräften ziemlich am Ende, als er aus dem Wasser stieg. Nachdem er sich ein wenig ausgeruht hatte, stieg er über die großen Felssteine hinauf an den Waldrand.
Pauli sah sich um. Unglaublich, wie riesengroß die Bäume waren. Und überhaupt, die Schlüsselblumen, Veilchen, die Hagebuttenhecken und die Blätter der Bäume, alles war riesengroß und gar nicht so, wie es sonst üblich war. Sonderbar, wo war er hier nur gelandet?

Pauli fragte sich, ob hier wohl eine Menschenseele leben mochte. Da drang plötzlich zwischen den Bäumen ein „Quaaaak... qaaak!" hervor. Es hörte sich so an, als ob eine alte Autohupe und ein Waschbrett um die Wette singen wollten. Neugierig und erfreut, auf ein Wesen zu stoßen, lief Pauli sofort um den Baumriesen herum und rief: „Halli, hallo! Wer hat sich denn hierher verirrt?" Hurtig sprang er über eine dicke Baumwurzel - um dann vor Schreck zu erstarren. Spinn' ich, oder spinn' ich nicht? In welcher Monsterwelt bin ich denn jetzt gelandet? Das ist ja unfaßbar! Oder habe ich durch den Aufprall ins Wasser einen Dachschaden? Anders konnte er sich nicht erklären, was er sah.

Vor ihm standen, gut einen halben Kop größer als er selbst, zwei Frösche, die mi Hemd und Hose bekleidet waren. Au ihren breiten grünen Köpfen trugen sie Sonnenhüte aus Blumenkelchen und Eichenblättern. Pauli war völlig sprachlos ja, er glaubte, glatt an seinem Verstand zweifeln zu müssen. Die beiden Geseller hatten sich wesentlich schneller von ihre Überraschung erholt als Pauli.
Sie musterten den kleinen Fremdling, als käme er vom Mars. Na, so ein putziges Kerlchen. Und dieser witzige grüne Hut Ja, der trug ja nicht einmal Schwimmhäute an den Füßen. Die beiden Frösche kicherten. So etwas Komisches hatten sie nun wirklich noch nie gesehen..

Vor Heiterkeit quakend, fielen die beiden Riesenfrösche auf den Bauch und lachten schallend.
"So was von seltenen Trotteln ist mir noch nie begegnet!" ereiferte sich Pauli. Er dreht sich abrupt um und ging davon. War er hier vielleicht auf einer Insel voller Schwachköpfe gelandet? Grimmig stapfte er durch das Unterholz tiefer in den seltsamen Wald hinein. Das wäre doch gelacht, wenn es nicht irgend einen normalen Menschen, oder wenigstens einen ganz normalen Frosch hier geben würde.

Pauli schaute sich um, sah wie die grelle Mittagssonne durch die wagenradgroßen Blätter der Urwaldbäume blinzelte! Allmählich dämmerte ihm seine Lage. Er würde hier auf keinen Fall einen normalen Menschen treffen. Es gab auf dieser Insel überhaupt nichts, was normal war. Er war an das Ufer eines Alptraum-Eilandes gespült worden, ohne jede Chance, an das ferne Heimatufer zurückzukehren! Oh, was sollte er denn jetzt bloß tun?

Wie in Trance stapfte Pauli weiter. Und so bemerkte er gar nicht, wie das dichte Buschwerk immer weniger wurde und einer kleinen Lichtung Platz machte, auf der eine strohgedeckte Hütte stand.
Aus einem dicken Bambusrohr, das als Kamin diente, stieg Rauch auf. Pauli nahm allen Mut zusammen, dann schob er den groben Vorhang, der die Eingangstür verschloß, zur Seite. In der Hütte stand ein Mann mit großem Spitzhut und Talar. Er kehrte Pauli den Rücken zu, und er hielt in seiner Hand ein kleines Reagenzgläschen, in dem eine rote kochende Flüssigkeit blubberte. Der Mann sprach mit flüsternder Stimme geheimnisvolle Reime und Zauberformeln vor sich hin.
„Äh... guten Tag. Ich bin der Pauli aus Maulwurfshausen", grüßte er mit vorsichtiger Stimme. Da drehte sich der Fremde langsam um. Pauli glaubte fast vor Schreck im Erdboden zu versinken. Der fremde Mann, der da mit großen Glupschaugen zu ihm rüberschaute, war ebenfalls ein dicker, grüner Frosch!

Der Frosch sah ihn noch einen Augenblick aus müden Augen prüfend an, dann sagte er: „Ich sehe deiner Nasenspitze an, daß du dich verirrt hast. Du kannst mich Herr Muziquak nennen, ich bin der Zauberer der Froschinsel!"
Ein Zauberer? Und dann noch mit dem Namen Muziquak? So konnte wirklich nur ein Frosch heißen.
Herr Muziquak murmelte noch ein paar undeutliche Formeln vor sich hin, dann holte er ein dickes Buch aus dem Regal. Es war ein Alleswisser-Buch, wie Herr Muziquak sogleich erklärte, und wenn von Pauli etwas Gutes darin stünde, könne er ihm auch gerne helfen.

Schnell blätterte Herr Muziquak die goldenen Blätter durch, dann kam er auf die schwarzen Seiten. Und dann schaute er Pauli sehr lange und prüfend an. Anscheinend hatte er einiges über Pauli gefunden, und Pauli wußte, daß es nicht viel Gutes sein konnte. Ja, da stand Paulis Name dick und breit. Darunter war zu lesen: Gefürchteter Froschjäger aus Maulwurfshausen. Sperrt Frösche gern in Glaskäfige ein. Warnung vor Pauli!

Pauli glaubte, in den Erdboden versinken zu müssen. In diesem Falle sah es freilich mit einer Heimreise recht übel aus. Herr Muziquak wiegte vielsagend mit dem Kopf hin und her. Pauli stotterte, er wolle dies in Zukunft nie mehr tun. Nie wieder werde er auf Froschjagd gehen.
Nun gut, in diesem Falle gab es einen Weg, doch vorher mußte Pauli sich zum Ehrenfrosch ernennen lassen!

Natürlich war Pauli damit sofort einverstanden. Am besten, wenn Herr Muziquak ihn auf der Stelle zum Ehrenfrosch erkläre, und dann nichts wie heim. So einfach war das aber nicht, dazu war allerlei vonnöten. Herr Muziquak war jedoch gern bereit, Pauli in allem zu unterweisen. Erste Lektion: Man macht vor einer Arbeit erst mal tüchtig Pause. Es war jetzt ohnehin Essenszeit. Herr Muziquak begab sich also mit Pauli aus dem Haus, um ihn ins beste Restaurant des Waldes zu führen.

Aufseufzend fügte sich Pauli in sein Schicksal. Er ging mit dem Zauberfrosch ein kurzes Stück des Weges, bis sie schließlich das Gasthaus, eine kugelrunde lustige Hütte, erreichten. „ZUR GOLDENEN MÜCKE" prangte ganz groß über der Eingangstür, und Pauli verspürte zum erstenmal nun auch ein hohles, stechendes Gefühl im Magen.

So eine deftige Brotzeit konnte nach all den Aufregungen bestimmt nicht schaden. Herr Muziquak prüfte vor dem Hineingehen noch mal genießerisch den Aushang. Fliegen-Frikadellen gab es heute. Wunderbar, das war ja seine Lieblingsspeise. Gemeinsam betraten sie die kühle und schummrige Gaststube.

Sofort eilte der Kochfrosch mit einem diensteifrigen Quaken an ihren Tisch. Die Fliegen-Frikadellen wären heute wieder mal von erlesener Qualität, pries der Koch, dessen Schürze vor Fettflecken nur so glänzte, freudig an.
Nun, dafür hatte sich Herr Muziquak ja ohnehin entschieden. Er bestellte zwei ordentliche Portionen, je eine für sich und Pauli, wonach der Koch dienstbeflissen und abermals laut quakend in der Küche verschwand.

"Fliegen-Frikadellen", lachte jetzt Pauli ausgelassen, "heißen die nur deshalb so, weil man sie nach dem Servieren am besten an die Wand fliegen läßt?" Auch Herr Muziquak war bester Laune. Er erklärte Pauli fröhlich, diese Spezialität werde aus besonders zartem Fleisch von Fliegen gemacht. Eine herrliche Spezialität und gesuchte Leckerei auf der ganzen Froschinsel!

Pauli schienen schier die Augen rauszufallen. Er würgte und mußte aufpassen, sich nicht zu verschlucken. Oh, tatsächlich, welch eine wundervolle Köstlichkeit. Ein Jammer, daß er sich gerade heute morgen den Magen verdorben hatte und davon nicht kosten konnte. Und überhaupt brauchte er ganz dringend frische Luft. Pauli rutschte von seinem Stuhl herunter und schlich unter den verwunderten Blicken von Herrn Muziquak aus der Gaststube.

Draußen setzte er sich auf das kleine Bänklein neben der Eingangstür und wartete geduldig ab. Er wünschte sich sehnlichst nach Hause. Ach, wenn dieses Abenteuer doch schon überstanden, und Herr Muziquak endlich damit beginnen würde, ihn zu einem Ehrenfrosch zu ernennen.

Schließlich wurde sein Warten belohnt. Der Zauberer schritt, sich noch einmal genießerisch das Froschmaul wischend, aus dem Lokal. „Ach, Pauli", schwärmte er, „wenn du nur ahnen könntest, was du gerade versäumt hast!" Pauli schüttelte sich, als er daran dachte, was Muziquak eben verspeist hatte.

Pauli war wesentlich mehr daran gelegen, endlich diesen Ehrenfrosch-Titel zu erhalten und dann schnellstmöglich nach Hause abzudüsen. Allein Herr Muziquak hatte keine große Eile damit. Schließlich muß ein gutes Essen ja erst mal verdaut werden, und dazu diente am besten so ein kleines Mittagsschläfchen. Pauli glaubte, nicht richtig gehört zu haben. Und dann meinte er, seinen Augen nicht mehr trauen zu können.

Der Zauberer hatte nämlich einen Anlauf genommen und sprang im weiten Bogen in einen nahegelegenen Tümpel. Wohlig suhlte er sich im schlammigen Wasser. „Was für ein gemütliches, weiches Bettchen, gerade richtig für ein kleines Nickerchen", schwärmte er. Er winkte Pauli, es ihm endlich nachzumachen. Schließlich gab es ja weit und breit kein wohligeres Schlafplätzchen.

Doch Pauli sah nicht den geringsten Anlaß, zu allem Übel auch noch in die Schlammpfütze zu tauchen.
So drehte sich Herr Muziquak also auf seine beste Seite und schnarchte bald aus tiefstem Herzen.
Pauli blieb gar nichts anderes übrig, als sich ans Ufer zu setzen und dem gleichmäßigen Summen der Riesen-Insekten zu lauschen.

Pauli war nun tief bekümmert. Ach, wenn er das alles heute morgen schon geahnt hätte. Er wäre spielen gegangen mit Mausi, und sie hätten sich was Lustiges ausgedacht. Und nun saß er hier auf diesem sonderbaren Eiland mit diesen komischen Fröschen, und keiner konnte ihm sagen, was der Tag noch alles bringen würde.

Nach geraumer Zeit – Pauli schien sie unendlich lange – streckte sich Herr Muziquak und gähnte so herzhaft, daß Pauli meinte, es würde ihm das Froschmaul zerreißen. Aah, nach diesem Schlaf war er wieder bereit zu neuen Taten. Und jetzt mache er aus Pauli einen wunderbaren Ehrenfrosch. Er stapfte aus dem Wasser und nahm Pauli bei der Hand.

„Nichts weiter sei dazu notwendig", eröffnete Herr Muziquak ganz feierlich, „als ganze 777 Prüfungen".
Pauli blieb für einen Augenblick die Spucke weg. 777 Prüfungen? Da wäre er ja alt und grau, bevor er jemals wieder seine Heimat sah. Es ginge rasch, beruhigte ihn Herr Muziquak, denn sogleich erfolge die Prüfung Numero eins: Singen wie ein echter Laubfrosch!

In diesem Augenblick ertönte schon ein lautes raunzendes Gequake. Sie kamen an ein kleines Plätzchen, auf dem gut und gern ein halbes Dutzend Frösche versammelt waren und in den Händen Notenblätter drehten.
Wunderbar, der Froschchor war schon komplett. Dann konnten sie ja sofort beginnen. Herr Muziquak, als Zauberer der Insel, war eine sehr wichtige Persönlichkeit und hielt deshalb auch das Amt des Chorleiters inne. Er zauberte mit einer flinken Handbewegung einen Taktstock aus dem Ärmel und klopfte an das Pult. Sofort trat absolute Stille ein. Man hätte eine Stecknadel fallen hören. Herr Muziquak hob seinen Taktstock langsam an. Und dann erklang der Chor! Es war ein quakendes, quälendes und kratzendes Gejaule, daß Pauli glaubte, jeden Augenblick müsse ihm das Trommelfell platzen.

Nun war Pauli an der Reihe. Und das war gar nicht einfach, denn er mußte für die Prüfung schließlich sein bestes geben. Also raffte Pauli seinen ganzen Mut zusammen und fing ebenfalls zu singen an. Ein Zittern und Gurgeln ging durch die Reihen. Denn noch nie zuvor hatte man solch einen schrecklichen Gesang gehört.

Im Nu war die ganze Froschbande verschwunden, hatte sich aufgelöst in wilder Flucht durch Hecken und Sträucher. Herrn Muziquak standen die Tränen in den Augen. Noch nie zuvor hatte er so etwas abgrundtief Entsetzliches gehört, wie diesen Gesang.

Herr Muziquak zitterte am ganzen Leib, und seine Stimme war aufs höchste erregt. Voller Ehrfurcht sprach er dann zu Pauli: „Es war so schrecklich und so grauenhaft schön, daß du dich damit als absoluter Ehrenfrosch erwiesen hast. Wir können deshalb getrost auf die weiteren 776 Prüfungen verzichten!"
Pauli brach beinahe in Jubel aus. Daß seine Vorstellung derart überzeugend war, hätte er nicht im Traum geahnt.

Fröhlich folgte er Herr Muziquak nach Hause, wo dieser sofort mit den Vorbereitungen zur Zeremonie begann. Pauli nahm auf einem Ehrensessel Platz. Nun schritt der Zauberer herbei und schüttete in einen Trog geheimnisvolles weißes Pulver. Dabei murmelte er unter beschwörenden Gesten eine Zauberformel.

Das Pulver löste sich sofort auf, noch während es herunterrieselte. Pauli wurde eingehüllt von einem süßlichen Dampf, der ihn weit fortzutragen schien. Herr Muziquak, das Zimmer und er selbst, alles drehte sich nach oben, weit hinauf. Pauli hatte sich noch nie so wohl gefühlt wie jetzt. Danach wurde der Rauch allmählich dünner, und es begann ihn überall zu kribbeln und zu jucken. Pauli schlug die Augen auf.

„Quaak!" sagte Pauli und sah an sich herab. Gesicht und Bäuchlein hatten eine saftgrüne Farbe angenommen. Statt der Hände und Füße trug er an den Gliedern Flossen. Das also hatte Herr Muziquak mit dem Ehrenfrosch gemeint. Pauli sprang vom Sessel, doch, verflixt, es wollte mit dem Gehen nicht mehr so richtig funktionieren.
Der Zauberer erklärte, daß seine Füße sich ab jetzt nur noch zum Hüpfen eigneten, übrigens eine viel bessere Art der Fortbewegung.
Pauli stieß sich mit den Hinterfüßen ab, und tatsächlich, schon flog er mit weitem Schwung davon. Pauli wußte nicht, ob er jetzt weinen oder lachen sollte.
„Leb wohl, und alles Gute!" rief ihm Herr Muziquak laut hinterher. Dann fügte er ein Zauberwort hinzu und klatschte in die Hände. Vor Paulis Augen wurde es auf einmal schwarz. Und dann war gar nichts mehr!

Pauli war wieder daheim. Das heißt, er fand sich an der Stelle wieder, wo er seinen Vater verlassen hatte, um den kleinen Frosch zu jagen. Von Papi aber war keine Spur. Sicher, so dachte Pauli, war Papi inzwischen nach Hause gegangen. Und das würde er jetzt auch tun. Er freute sich schon auf die leckeren Pfannkuchen, die Mami immer dienstags machte. Oder war es heute Mittwoch? Pauli konnte sich nicht recht entsinnen. Er sagte „Quak" und hüpfte über die Wiese.

Vor ihm tauchte plötzlich ein Mann auf, der, gemütlich seine Pfeife schmauchend, des Wegs entlangging. Nanu, der kam ihm doch bekannt vor. War das nicht Papi? Aber klar doch! Oh, er mußte ihm unbedingt gleich alles erzählen: Von der mißglückten Jagd, der Froschinsel und natürlich von Herrn Muziquak, der ihm so viel geholfen hatte. Laut quakend hüpfte Pauli auf ihn zu. Er war ganz aufgeregt vor Freude. Sein Vater schaute ihn mit ganz erstaunten Augen an, so als würde er ihn gar nicht erkennen.

Dann lächelte ihn Pauli-Vater an. „Oho, du bist ein schönes Exemplar", sprach Pauli-Vater zu dem kleinen Frosch. Denn Pauli hatte sich durch die Verwandlung so verändert, daß sein Vater ihn nicht mehr erkannte. „Dich fange ich für Pauli. Der wird sich freuen, wenn er bald nach Hause kommt."

Pauli glaubte, sich verhört zu haben. Aber da zog Pauli-Vater schon seinen Hut vom Kopf und versuchte ihn damit zu schnappen. Pauli war schneller. Auch als Frosch hatte er nichts von seiner früheren Schnelligkeit eingebüßt, und er hüpfte außer Reichweite. Doch Pauli-Vater gab nicht auf. Es folgte eine wilde Jagd, die schließlich damit endete, daß Pauli-Vater erschöpft auf dem Bauch lag und nach Luft japste. Und alles wegen diesem verflixten Frosch. Für heute jedenfalls hatte er die Nase davon voll.

Schockiert war Pauli in das Wasser eines nahen Baches geflohen. Sein eigener Vater erkannte ihn nicht mehr. Allmählich wurde es ihm wieder bewußt, in was er sich verwandelt hatte. „Quaaak", sagte er. Ihm war richtig zum Weinen. So konnte er keinesfalls mehr nach Hause zu Mami und Papi gehen. Womöglich würden sie ihn in ein Glas sperren und ihn mit Fliegen füttern. Pauli wurde es hundeelend bei diesem Gedanken.

Plötzlich glaubte Pauli, er würde beobachtet. Ja, jetzt spürte er es ganz genau. Da stapften durch den Bach zwei feuerrote, dünne Stelzen auf ihn zu. Pauli schaute schnell nach oben. Es war ein Storch, derselbe Storchenmann, der ihn über den Waldsee getragen hatte, dem er die Bekanntschaft mit der Froschinsel verdankte.

In Pauli stieg ein gewaltiger Zorn auf. Diesem dummen Vogel wollte er gehörig seine Meinung sagen, vor allem für all die Strapazen und sein Mißgeschick. Dann blieben ihm die Worte glatt im Halse stecken. Denn war er jetzt ein Frosch, dann wollte dieser Storch nichts weiter, als ihn fressen. Und das paßte Pauli nun keineswegs.

Der rote Schnabel stieß wie ein Pfeil nach unten. Pauli konnte gerade noch im letzten Augenblick zur Seite hüpfen, dann faßte er schnell zu und hielt beide Schnabelhälften fest umklammert. „Das kommt davon, wenn man den Schnabel so weit aufreißt", quakte Pauli. Der Vogel versuchte, ihn nun mit aller Kraft abzuschütteln. Es war umsonst. Pauli hielt sich mit der Kraft der Verzweiflung fest. Und so breitete dann Meister Adebar die Flügel aus und stieß hoch in die Lüfte, höher als die höchsten Bäume. Pauli wurde es angst und bang. Schon zum zweitenmal heute hing er in der Luft. Nur, daß dieses Mal kein Wasser unter ihm war, sondern Dächer und die Kirchturmspitze Maulwurfshausens.

Pauli kniff die Augen zusammen, und er wagte kaum zu atmen. Wenn er jetzt herunterfiele, würde man kaum noch einen Klecks von ihm finden. Schließlich, nach einem langen und bangen Flug, schwebte der Storch sanft nach unten auf ein Dach. Dort war auf einem Kamin ein großes Storchennest gebaut, das Eigenheim von Meister Adebar. Der Storch schaute ihn mit hungrigem Blick an, und Pauli ahnte, daß sein letztes Stündchen schlagen würde, wenn er den Schnabel losließe. Also klammerte er sich noch fester am Storchenschnabel fest. Auge in Auge mit dem riesigen Storch, faßte Pauli allen Mut zusammen und quakte: „Paß auf, wir beiden machen ein Geschäft. Ich lasse deinen Schnabel los, und du läßt mich dafür wieder gehen. Einverstanden?" Zunächst schüttelte der Storch den Kopf, denn einen solchen Froschbraten wollte er sich nicht entgehen lassen. Pauli drückte den Schnabel noch fester zusammen.

Der Storch verstand offensichtlich so einiges von der Froschsprache. Jedenfalls nickte er jetzt zweimal mit dem Kopf, was Pauli für ein gutes Zeichen hielt. Pauli riskierte es. Es ließ den Schnabel los und kullerte über das Dach, hinein in die Regenrinne. Endlich gerettet, dachte er. Oder doch nicht? Er kippte in das Abflußrohr und raste schnurgerade nach unten.

Mit einem heftigen Schwung schwuppte Pauli hinaus ins Tageslicht. Mit einem weiteren schwungvollen Froschhüpfer war er im Dickicht verschwunden. Hier konnte man ihn wenigstens nicht sehen. Weder die Störche, die ihn ja nur fressen wollten, noch die Menschen, für die er gerade gut genug war, damit sie ihn in einen Glaskasten stecken.

Ganz alleine und von der Welt verlassen, stiegen Pauli schon die Tränen hoch, als aus dem Busch, hinter den großen Blättern, ein zeterndes Geheule und Wehklagen drang. Eben noch selbst in höchster Not, schaute Pauli nach. Er konnte alles ertragen, nur Geheule nicht.

Es war eine kleine, traurige Fliege, die auf einem Blatt saß und sich ein Flügelchen geknickt hatte. Als er durch die Blätter schaute und von der Fliege wahrgenommen wurde, zuckte diese angstvoll zusammen. „Bitte, bitte, tu mir nichts!" bettelte sie, „das Leben ist doch so elend, und es lohnt sich überhaupt nicht, mich zu fressen!" Die kleine Fliege zitterte am ganzen Körper, anscheinend gab sie keinen Pfifferling mehr für ihr Leben.

Pauli dachte überhaupt nicht daran, der kleinen Fliege etwas zuleide zu tun. Er tröstete sie und strich ihr sanft über das geknickte Flügelchen. Ganz allmählich beruhigte sich die kleine Fliegendame, denn so ein lieber Frosch wie Pauli war ihr noch nie über den Weg gelaufen. Sie wischte sich die Tränen ab, und Pauli gab ihr obendrein noch einen sanften Kuß auf die Wange.

Da fing die kleine Fliege plötzlich an zu strahlen. Sie wurde ganz in ein rosarotes Licht getaucht, so daß Pauli zurückfuhr und unter der Hecke Deckung suchte. Und dann verwandelte sich die kleine Fliege in eine wunderschöne Prinzessin mit einer goldenen Krone auf dem Kopf.

Pauli glaubte, seinen Augen nicht zu trauen. Aber dann nahm ihn die junge Dame mit dem strohblonden Haar zärtlich auf den Arm und dankte ihm. „Du kleiner Frosch hast mich gerettet", sagte sie, „du mußt nämlich wissen, ich bin eine verzauberte Fee und habe schon so lange auf einen Erlöser wie dich gewartet!" Mit diesen Worten drückte ihn die Fee so herzhaft an die Brust, daß Pauli schier die Luft wegblieb.

Und dann gab sie ihm so einen dicken Schmatz, daß er glaubte, die Glocken läuten zu hören.
Und so war es auch. Auf einmal wurde ihm ganz schwindelig, denn alles schien sich plötzlich zu drehen. „Quaaak", wollte Pauli sagen, doch es kam ihm nicht über die Lippen. Er sah an sich herunter. Die grüne Farbe und die Flossen waren weg. Kein Zweifel, er war wieder der alte Pauli, so wie man ihn kannte.

Pauli schüttelte den Kopf. Die Froschinsel und seine Bewohner, der Flug mit dem Storch, das alles schien ihm auf einmal so weit weg. Und wer war dieses blondgelockte Mädchen mit der Krone?
„Du wirst nun beginnen, zu vergessen", lächelte die Fee, „und alles wird bald nur noch ein Traum sein!"
Ein Traum? Wovon ein Traum? War heute auf dem großen Waldplatz nicht ein Fest? Klar, Mausi hatte gestern doch davon erzählt.
Und ein Sackhüpf-Wettbewerb fand heute auch dort statt. Da kann er es mal Mimi zeigen, wie man den Angeber Egon in die Ecke stellt.
„Tschüs", sagte Pauli zu der blonden Fee. Er hatte es auf einmal ziemlich eilig. Sie lächelte ihm noch lange nach, als er die Straße hinunterlief. Auf einmal fühlte er sich herrlich frei. So, als ob ein großer Stein von seinem Herzen gefallen und mit einem lauten Plumps in den Waldsee gefallen sei.

Flink wie der Wind trugen ihn seine Füße zum Waldplätzchen, wo bereits alle Kinder des Dorfes zum Sackhüpfen bereitstanden. Da waren Mausi und Mimi und alle anderen, die er kannte. Ja, Pauli freute sich selbst über Egons Gesicht. Eben wollte der Schiedsrichter den Startpfiff geben, da hielt Mausi ihn zurück. „Einen Augenblick noch, da kommt Pauli!" rief er. Natürlich, sie konnten doch unmöglich mit dem Sackhüpfen anfangen, ohne daß Pauli mit von der Partie war. Auch Mimi freute sich. Ihr Lieblingsfreund traf wieder mal in letzter Sekunde ein.

Pauli reihte sich an der Startlinie mit in die Reihe der Wettbewerber ein. „Stell dir vor", raunte er verstohlen zu Mausi, „ich habe geträumt, ich sei ein Frosch gewesen. Ist das nicht urkomisch?"
Und wie das komisch war. Mausi lachte laut heraus. Dann hatte Pauli ja wohl gute Karten, wenn es nun aufs Hüpfen ankam. Auch Mimi stimmte in die Hänselei mit ein und wünschte ihrem „Ex-Frosch" recht viel Glück und Erfolg.
„Quaak", machte Pauli, und dann hob der Schiedsrichter die Fahne.

Und dann kam Pauli wieder die Erinnerung, der Chor der Frösche und das grinsende Gesicht von Zauberer Muziquak. Ja, war er nicht ein Ehrenfrosch vom Scheitel bis zur Sohle?
Vielleicht war noch ein wenig vom Ehrenfrosch geblieben, dann könnte er es allen zeigen. „Quaak", sagte Pauli, und dann nochmals „Quaak!" Mausi, Mimi und Egon schüttelten den Kopf, und fragten sich, ob bei Pauli noch alle Tassen im Schrank waren.
Der Startpfiff ertönte und Pauli machte einen Sprung, weit über Mimis Kopf hinweg.

Die Menge hielt den Atem an. So etwas hatte es noch nie gegeben. Drei Meter, nein, das waren eher vier, so hoch sprang Pauli über alle Köpfe! Und dabei rief er ständig „Quaak", und immer wieder „Quaak, quaak!"
Die Mitbewerber hatten schon längst aufgegeben. Mit dieser Sprungkraft, da konnte nun wirklich keiner mithalten. Und selbst der Preisrichter, der den Pokal in seinen Händen hielt, stand wie erstarrt. Das war ein Meisterleistung, was Pauli hier vorführte.

Mimi und Mausi liefen ihm, so schnell sie konnten, hinterdrein. Pauli benahm sich wie ein echter Frosch. Unfaßbar! Mimi zweifelte, ob das, was Pauli vorhin noch behauptet hatte, tatsächlich nur ein Traum war.
„Tja", meinte Mausi skeptisch, „so wie ich den Pauli kenne, ist bei ihm eben alles möglich!" Und fern in seiner Hütte lächelte Herr Muziquak vergnüglich. Ja, ja, seine Ehrenfrösche...

Rolf Kauka's Pauli

© 1992/1952 Rolf Kauka
© 1992 by Verlagsunion Erich Pabel-Arthur Moewig KG, Rastatt
Bearbeitung: Hans-Jürgen Weller, Jürgen Seitz
Umschlaggestaltung: Werbeagentur Zeuner, Ettlingen
Printed in Belgien 1992
Druck und Bindung: Proost Belgien
ISBN 3-8118-1605-5